AF246098

DU
DESPOTISME,

DE LA MONARCHIE, DE LA RÉPUBLIQUE,

PAR

PAUL VÉRET, de Roye (Somme).

DÉPOT

CHEZ LES PRINCIPAUX LIBRAIRES.

—

1871.

LE DESPOTISME,

LA MONARCHIE, LA RÉPUBLIQUE.

INTRODUCTION.

L'ignorance abrutit les peuples et engendre le fanatisme et les abus ; l'instruction et l'éducation, au contraire, les combattent, et apportent chez les peuples la *Vérité*, la *Justice* et la *Civilisation*.

Par l'exposé suivant, on sera à même de juger quels désordres a produits l'ignorance dans les temps passés du Despotisme et de la Monarchie, et quel avenir l'Instruction et l'Education, œuvres de la démocratie, promettent, par contre, aux générations futures.

DU DESPOTISME.

Le Despotisme est le pouvoir tyrannique, arbitraire et absolu d'un seul. Le principe des Etats despotiques est qu'un seul homme gouverne tout, suivant ses volontés, n'ayant d'autre loi dominante que celle de son ambition et de ses caprices. *Obéissance, Châtiment* : voilà la loi des souverains despotes ! Chez eux, tous les hommes sont esclaves : le droit naturel, la justice égalitaire sont méconnus. L'appui de leur gouvernement ne reposant que sur le sabre et sur la crainte de leur vengeance et de leurs châtiments, tous les courages sont alors abattus et tous les esprits bouleversés ; puis toutes ces religions bâtardes, sœurs et auxiliaires du Despotisme, ajoutant encore, dans leurs prédications, de nouvelles craintes, de nouveaux préjugés et des châtiments éternels à ceux déjà imaginés par les despotes de cette terre d'oppression, finissent toujours par détruire, par le fanatisme et la superstition, tous les germes d'intelligence donnés à l'homme par le Créateur, et par éteindre tout flambeau progressif et civilisateur.

Le gouvernement despotique s'exerce d'abord sur des peuples timides, ignorants et abattus ; tout y roule sur un petit nombre d'idées ; l'éducation s'y borne à mettre la crainte dans le cœur et la servitude en pratique ; le savoir y est dangereux, l'émulation funeste ; il est également pernicieux qu'on y raisonne bien ou mal ; il suffit seulement qu'on cherche à raisonner pour choquer et porter ombrage à ce genre de gouvernement.

L'Instruction et l'Education sont bannies des empires despotiques : l'Ignorance étant le plus beau fleuron de leurs couronnes ; de sorte que le savoir, les talents, la liberté publique, tout est mort sous le joug du pouvoir despotique.

Le souverain despote a droit de vie et de mort sur tous ses sujets ; sa volonté fait la loi, et l'exécution de sa volonté fait alors la justice.

Énumérer ici toutes les cruautés, toutes les injustices et toutes les infamies du despotisme est un travail par trop considérable en matières. Nous n'oserions, du reste l'entreprendre ; car, encore à l'heure qu'il est, et quoique sous le règne de la liberté, dit-on, il y a trop de risques à courir à vouloir publier la Vérité. Nous nous contenterons donc, quant à présent, de renvoyer nos lecteurs à l'histoire ; bien que sous tous les gouvernements despotiques et monarchiques, la persécution ait toujours été en permanence à l'égard des historiens éclairés et impartiaux, qui, par ce fait, ont toujours été forcés de passer sous silence les actes les plus monstrueux du Despotisme. Néanmoins, quoique ainsi mitigée, faussée et très-souvent dénaturée, l'histoire contient encore assez d'exemples affligeants pour émouvoir et toucher les cœurs les plus endurcis de notre civilisation bien imparfaite.

La *Vérité* et la *Justice* étant de toute éternité, il est incontestable que les gouvernements despotiques ne reposent point sur ces principes, puisqu'ils s'écroulent et disparaissent aux premiers rayons de la civilisation.

On peut donc dire sans crainte que le Despotisme est le règne de l'ignorance, des abus et de la barbarie, autrement dire, le règne de la misère et du démon sur la terre.

DE LA MONARCHIE.

Les excès en tout genre du despotisme, en irritant les peuples, provoquèrent des révolutions successives qui amenèrent son renversement et l'avènement de la Monarchie.

Nous avons dit, en peu de mots, ce qu'était le Despotisme, nous allons en faire autant de la Monarchie.

La *Monarchie* est composée d'un souverain (empereur ou roi), de ministres, de sénateurs ou pairs, et de députés.

Le trône est héréditaire ; il suffit d'être fils de roi pour régner. Par conséquent, tant mieux pour le peuple si cet héritier du trône est vertueux et intelligent ; mais aussi tant pis s'il est, au contraire, ignorant et vicieux. Le principe héréditaire de la Monarchie exclut du trône les hommes les plus éminents et les plus vertueux qui, seuls, devraient y avoir droit, pour n'y faire monter, le plus souvent, que le vice et l'ignorance, qui ne devraient avoir place nulle part.

Les Ministres, choisis par le Souverain, auront, de conviction ou de force, les mêmes principes, la même manière de voir que le monarque, auteur de leur existence : les ministres seront ce que le Chef de l'Etat sera, vertueux ou vicieux.

Les Sénateurs ou Pairs, créés aussi par le souverain, ne sont, à vrai dire, par le fait, que les esclaves du pouvoir, et leur mission consiste à prôner bien haut les projets et les volontés du monarque dont ils sont, pour ainsi dire, les âmes damnées. Aussi, dirons-nous des Sénateurs ou Pairs ce que nous avons dit des ministres et des rois : Tant mieux pour le peuple si le Chef de l'Etat est vertueux, comme aussi tant pis s'il est, au contraire, ignorant et vicieux.

Si le choix et la création des Sénateurs ou Pairs par le Chef de l'Etat ont pour but de donner une nouvelle force et une nouvelle puissance à ses volontés, n'ont-ils pas, par contre, l'inconvénient funeste de mettre les affaires du pays, les intérêts de tout un peuple à l'aventure et dans les mains d'hommes qui, le plus souvent, n'ont d'autre mérite que d'être les flatteurs et les très-humbles serviteurs des monarques.

Les Députés sont les élus de la volonté et du vote de la plus faible partie de la population payant le cens d'impôts fixé par la loi, à l'exclusion du plus grand nombre qui, privé de fortune, ne paye pas assez d'impôts pour être élceteur.

La députation étant une place honorifique et les frais de

séjour à Paris et de représentation étant à la charge du
député, les grandes fortunes ont donc seules accès à la
candidature et à l'élection. Les intelligences d'élite, privées
de fortune, ne peuvent jamais, avec ce mode, arriver à la
députation, et mettre ainsi leurs connaissances et leurs
lumières au service de leur pays.

Les fortunes considérables de nos grands seigneurs, qui
deviennent presque tous députés, doivent leur origine à la
féodalité, et la loi de la prescription par la jouissance tren-
tenaire, décrétée en 1804, est le seul et unique titre de
leurs propriétés ; aussi peut-on appeler cette loi l'usurpation légale de la propriété. Cette caste de gros seigneurs,
ayant toujours sucé et suçant encore à la mamelle aristo-
cratique le lait qui nourrit les Sénateurs ou les Pairs, les
ministres et les rois, est par conséquent imbue des mêmes
principes, des mêmes mœurs, des mêmes erreurs et leur
manière de voir à l'égard du peuple est de perpétuer l'a-
xiome despotique : Faisons du peuple notre pâture quoti-
dienne.

Ainsi, la Monarchie, composée en apparence d'éléments
hétérogènes devant soutenir les intérêts du peuple contre
l'arbitraire et la cupidité des rois, n'est, en réalité, qu'une
macédoine d'éléments homogènes, marchant vers le même
but, *celui de vivre dans les plaisirs aux dépens du peuple;*
de sorte que la différence qui existe entre le Despotisme et
la Monarchie, c'est qu'avec le Despotisme le peuple n'a à
satisfaire qu'un seul tyran, et qu'avec la Monarchie le
nombre en est illimité ; puisque chaque employé salarié du
Gouvernement se croit dans son emploi un petit potentat,
usant toujours de sa position et de son autorité pour bien
vexer et bien châtier le peuple qui, toujours battu, s'estime
fort heureux de porter son argent à des gouvernements qui

le traitent et le protègent si bien. Aussi, depuis l'avènement de notre Monarchie Constitutionnelle, les impôts sont-ils doublés et si cela continue encore un peu, il arrivera certainement que la moitié de la population sera payée pour espionner et flageller l'autre moitié.

Personne n'ignore, ou du moins personne ne doit ignorer ici-bas, que Dieu a créé l'homme pour vivre heureux sur la terre en travaillant. Eh bien ! les fausses et exécrables organisations sociales et gouvernementales du Despotisme et de la Monarchie n'ont jamais donné d'autres résultats que, d'un côté, de procurer tous les plaisirs, tous les honneurs et toutes les jouissances aux gens oisifs et parasites, et de l'autre, toutes les privations, toutes les souffrances et toutes les misères aux travailleurs, qui, pourtant, produisent tout et nourrissent tout le monde à la sueur de leur front.

Devant un pareil contre-sens et une pareille monstruosité, ne devient-il pas évident pour tout le monde que ces deux formes de gouvernement étant en contradiction flagrante avec les lois de la raison, de la nature et du créateur, doivent bientôt disparaître de ce monde.

DE LA RÉPUBLIQUE.

Le bien-être universel, le paradis terrestre, où le règne de Dieu promis à l'homme n'arriveront sur la terre, que lorsque les peuples éclairés, arboreront et établiront un système gouvernemental ayant pour base : La Vérité, la Justice et la Liberté.

Il y a bientôt deux mille ans, qu'inspiré des principes éternels du règne de Dieu, et animé du feu sacré civilisateur, le Christ pour délivrer le genre humain, du fanatisme, du paganisme, de la servitude et de l'esclavage des tyrans, prêcha partout

LA LIBERTÉ, L'ÉGALITÉ, ET LA FRATERNITÉ

autrement dire

LA VÉRITÉ, LA JUSTICE ET LA CHARITÉ.

Il y a bientôt deux mille ans, que le Christ rédempteur proclama cette grande vérité, que la Liberté était le droit inné de l'homme, et que la servitude et l'esclavage n'étaient que l'usurpation de ce droit, au profit de vils tyrans, et d'infâmes oppresseurs.

Il y a bientôt deux mille ans, que voulant saper dans leur base, l'arbitraire, les infamies et la puissance des grands seigneurs d'alors, qui traitaient les hommes à l'unisson des bêtes fauves, il proclama cette seconde vérité, que l'Egalité était le second droit de l'homme, et que devant la justice humaine comme devant la justice divine, tous les hommes étaient égaux devant la loi !

Il y a bientôt deux mille ans, que voulant anéantir l'ambition, l'égoïsme, les jalousies, les haines, les méchancetés, et la barbarie, il annonça encore cette troisième vérité, que la Fraternité était le corollaire de la Liberté et de l'Egalité et qu'au côté de ce droit, il y avait aussi le devoir de l'homme envers ses semblables.

Il y a bientôt deux mille ans, que se dévouant pour l'humanité, il prêcha sa loi d'amour et de charité, en disant aux hommes.

Soyez tous frères sur la terre, que l'union et la paix soient toujours avec vous.

C'est aussi pour faire rentrer, cent pieds sous terre, toutes les erreurs de la justice humaine et les momeries du fanatisme religieux qui égaraient et effrayaient le genre humain, qu'il réduisît les lois civiles et religieuses, à cette seule maxime qui sera de tous les temps et de toute éternité :

Ne fais pas à autrui ce que tu ne veux pas qu'on te fasse à toi-même.

Il y a bientôt deux mille ans que la loi d'amour et de justice du Christ, renversa le paganisme et ses idoles ; que les vrais serviteurs et propagateurs de la charité chrétienne, préférèrent subir le martyre, que de déserter le drapeau du Christ rédempteur.

Malgré le sang du Christ versé sur la croix ;

Malgré la sagesse et la pureté de ses maximes ;

Malgré le sang de tous les martyrs, versé par torrents, cette religion chrétienne si noble et si pure à son origine, reçut un peu plus tard, des mains de ses premiers ministres, la plus criante des transformations.

Hélas, cette religion si humble et si claire, mise à la portée de toutes les intelligences, dans les admirables paraboles du Christ, fut remplacée par un culte tout fastueux et tout mondain, œuvre de ministres ambitieux, pleins d'orgueil, désireux de goûter ici-bas toutes les jouissances de la vie terrestre, et de partager en même temps la puissance des grands et des souverains despotes ! bien que pour renverser cette même puissance, le Christ venait d'expirer sur la croix.

Nous avons donc, depuis cette époque, une religion de ténèbres, avec des dogmes incompréhensibles qui enrayent le développement des intelligences humaines et obscurcissent, d'un voile épais, les rayons lumineux de la vraie religion du Christ ; ce qui explique qu'au lieu d'avoir icibas le paradis terrestre et la bonne harmonie, que la mise en pratique des maximes vraies du christianisme auraient infailliblement procurés à tous les hommes ; le monde aujourd'hui n'est, au contraire, que confusion, égoïsme, méchancetés et jalousies, sources de tous les vices, de toutes les misères et de tous les maux de notre pauvre espèce humaine.

Puisque en France nul gouvernement despotique ou monarchique n'a pu se conserver pur et sans tache et que tous, en tombant, ont laissé la Patrie sur le bord d'un abîme plus ou moins profond, il faut donc chercher des garanties de bonheur et de stabilité dans le gouvernement républicain, autrement dire, dans le gouvernement du pays par le pays.

Oui, il faut à la France un gouvernement qui, pour lier les intérêts de tous, soit organisé de telle sorte que le travail soit le premier récompensé, afin que l'agriculture, l'industrie et le commerce, au lieu de la ruine et de la misère, se développent, au contraire, par l'aisance et la prospérité.

La Société est un composé d'éléments et d'intérêts divers ; vouloir protéger et défendre la Société, c'est vouloir évidemment protéger et sauvegarder les intérêts de tous. Or, quoi de plus naturel et de plus logique qu'un gouvernement représenté par tous ces éléments et tous ces intérêts. Une semblable organisation donnerait à la représentation nationale son véritable caractère, puisqu'en effet, elle serait par ce fait, tout à la fois politique, agricole, industrielle, morale et humanitaire.

Voici un système gouvernemental qui, selon nous, doit atteindre le but :

1° Une Assemblée nationale souveraine, choisissant dans son sein son président, chargé de faire exécuter, par des ministres responsables, les décisions de cette même Assemblée ;

2° Les élections auraient deux degrés, savoir :

Délégués cantonaux ou Conseillers généraux ; Députés représentants ;

3° La Société serait divisée en cinq catégories : 1° Légistes, Moralistes et Publicistes ; 2° Agriculteurs ; 3° Industriels ; 4° Commerçants ; 5° Travailleurs.

4° Les Délégués cantonaux, comme les Députés, seraient nommés pour six ans, mais renouvelés par tiers tous les deux ans. A la première élection, et comme ligne de démarcation, un tirage au sort, dans chaque catégorie, désignerait les Délégués, ainsi que les Députés qui devraient siéger deux, quatre et six ans ;

5° Vote par catégorie, au chef-lieu de canton, pour la nomination d'un délégué de chaque catégorie ;

6° Réunion de tous les Délégués cantonaux au chef-lieu du Département pour procéder, par catégorie, à la nomination d'un Député à l'Assemblée nationale ;

7° Réunion obligatoire, tous les trois mois, au chef-lieu du Département, des Délégués cantonaux de chaque catégorie, pour être présidés par le Député de leur catégorie respective, afin d'y discuter le rapport que chaque délégué sera tenu de déposer sur le bureau du Président, rapports qui indiqueront les besoins de chaque catégorie et qui signaleront les améliorations à opérer dans le canton ;

8° Dépôt obligatoire, tous les trois mois, par les Députés, sur le bureau de l'Assemblée nationale, du rapport de chaque catégorie, signé collectivement par tous les membres de chaque catégorie ;

9° Nomination, dans le sein de l'Assemblée nationale, d'une Commission, composée de cinq membres de chaque catégorie, soit vingt-cinq membres chargés de résumer et de discuter les rapports de toutes les catégories ;

10° Création d'un Journal national, publié et affiché dans chaque commune par les soins du Maire, rapportant textuellement les rapports des Délégués, des Députés, et de la Commission, ainsi que les procès-verbaux des discussions et des votes de l'Assemblée nationale.

Avec le suffrage universel, tel qu'il a été pratiqué jusqu'alors, qu'est-il sorti des urnes électorales ? Les noms des plus influents, des plus riches d'un pays et, souvent aussi, ceux des hommes d'une côterie. C'était l'œuvre de l'ignorance, du fanatisme et de la corruption.

Aujourd'hui, notre malheureuse France, si cruellement éprouvée, instruite par les événements funestes que nous venons de traverser, a besoin, pour se régénérer, d'un gouvernement issu d'un vote libre, sans pression, rationel, d'un vote qui ne puisse avoir été faussé en aucune manière.

C'est pour cela qu'il est établi autant de catégories d'électeurs qu'il y a d'industrie dans la société ; chaque électeur mandant ainsi à l'Assemblée départementale et à l'Assemblée nationale, tous les intérêts seraient défendus par un nombre égal de Délégués et de Députés.

Afin de mieux faire comprendre toute la puissance de cette nouvelle organisation, nous allons en déduire toutes les conséquences.

Avec une Assemblée souveraine, il y aura homogénéité

parfaite dans le pouvoir, et dès lors le Président pourra faire exécuter, par des ministres responsables, les décisions prises par l'Assemblée nationale ; le passé a suffisamment démontré les conséquences déplorables des deux pouvoirs constamment aux prises dans un Etat.

Les élections à deux degrès et par catégories offriraient au pays les avantages suivants : le premier, d'avoir forcément une Chambre agricole, industrielle et commerciale ; le second, de mettre tous les électeurs de chaque catégorie dans la possibilité de choisir pour délégués cantonaux les hommes les plus aptes à représenter leurs intérêts, et ces mêmes Délégués, représentant une catégorie à laquelle ils sont intéressés, auraient tout intérêt à faire prospérer une cause qui leur appartient, et, tout en travaillant pour eux, travailleraient en même temps pour tous.

En nommant ses Délégués et ses Députés pour six ans, et les renouvelant, par tiers, tous les deux ans, le Pays aura toute garantie pour ses institutions, puisqu'il pourra, par une nouvelle élection partielle tous les deux ans, modifier ou donner une plus grande impulsion à l'Assemblée nationale.

La réunion, tous les trois mois, au chef-lieu du département des Délégués cantonaux de chaque catégorie et le dépôt de leurs rapports, sous la présidence du Député envoyé par eux à l'Assemblée nationale, aura pour conséquence de forcer chaque Délégué à signaler dans son rapport tous les besoins d'amélioration que réclame son industrie. L'amour propre de tous les Délégués étant stimulé, ces rapports auront pour effet le développement de toutes les industries et l'augmentation de tous les produits. Ces rapports seront, en outre, pour les Députés des documents précieux pour établir les rapports en noms collectifs qu'ils seront, eux aussi, forcés de déposer tous les trois mois sur le bureau de l'Assemblée nationale.

L'obligation où se trouveront les Députés de chaque catégorie de déposer, tous les trois mois, leurs rapports signés en noms collectifs, fera que tous les Députes de la même catégorie seront obligés de se réunir fréquemment pour en jeter les plans, les travailler, les discuter et les annoter soigneusement avant de les signer. Comme ce travail aura pour but d'obtenir les améliorations réclamées par les Délégues cantonaux, ces travaux prendront ainsi ce caractère d'utilité publique que n'ont jamais eu les séances oiseuses ou tumultueuses d'autrefois.

La nomination d'une Commission de cinq membres pris dans chaque catégorie de Députés sera à coup sûr un foyer de lumières, puisque la réunion de cette Commission sera en quelque sorte la science infuse. En effet, les Délégués cantonaux nommés par le pays à cause de leurs capacités relatives, choisissant parmi eux les plus instruits, les plus aptes pour représentants ; ceux-ci élisant ensuite pour être membres de la Commission les hommes tout-à-fait supérieurs, cette Commission renfermerait dans son sein toutes les célébrités comme Moralistes, Légistes, Publicistes, Agriculteurs, Industriels, Commerçants et Travailleurs, et serait, pour ainsi dire, le grand sanctuaire de la Morale, de la Science, de l'Agriculture, du Commerce et du Travail ; cette Commission serait enfin ; disons-nous, le flambeau de la vraie civilisation et de l'humanité.

Le Journal national, envoyé gratis à chaque commune où il serait publié et affiché par les soins du Maire, rapportant textuellement dans ses colonnes les rapports des Délégués et ceux des Députés, les extraits de la Commission, les procès-verbaux, les discussions et les votes de l'Assemblée nationale, serait assurément le *vox Dei, vox populi* de notre époque, car la population trouverait dans les colonnes de ce Journal un cours complet et raisonné de Droit, de Morale, de Science, d'Agriculture, d'Industrie, de Commerce et de Travail.

Si nous reconnaissons qu'une terre non cultivée ne peut produire, mais que, bien cultivée et bien pourvue d'engrais, cette même terre donnerait des produits abondants, nous devons reconnaître quelle énorme différence il doit exister entre une population instruite et éclairée et une autre ignorante et brute ; par le même raisonnement, nous devons également conclure qu'un Etat social, assis sur l'ignorance des masses, sur l'égoïsme et la méchanceté, sans guide morale, sans but humanitaire et sans appui matériels solides, ne peut produire que perturbation, ruine et misère, et que le contraire aurait lieu forcément si cet Etat social avait pour base l'Humanité, la Justice et la Vérité, et pour but le bien-être de l'Humanité ; si, en un mot, chacun apportait sa pierre à l'édifice social.

Français, que ces vérités, qui sont aussi incontestables qu'elles sont éternelles, nous fassent enfin ouvrir les yeux, et justifions notre titre de première nation civilisée en prenant pour base d'un nouvel Etat social la Vérité, la Justice et la Liberté.

Roye, le 16 août 1871.

P. VÉRET.

Amiens. — Imp. Émile GLORIEUX, rue du Logis-du-Roi, 13.